*Der Umwelt zuliebe ist dieses Buch
auf chlorfrei gebleichtem Papier gedruckt.*

ISBN 978-3-7855-4885-1
1. Auflage 2007
© 2007 Loewe Verlag GmbH, Bindlach
Text von Hermien Stellmacher
Illustrationen von Regine Altegoer
Umschlaggestaltung: Nicole Burghardt

www.loewe-verlag.de

Hermien Stellmacher   Regine Altegoer

Schlaf, Schäfchen, schlaf!

Der großen Schafsfamilie ging es richtig gut: Draußen auf der großen grünen Wiese gab es für alle genug zu futtern, und drinnen im Stall hatten sie einen warmen Schlafplatz im Stroh. Auch Kindchen Schaf war rundherum zufrieden. Es sprang den ganzen Tag draußen herum, bis es langsam dunkel wurde. Dann rief seine Mutter: „Komm, Kindchen Schaf! Zeit ins Bett zu gehen!" Aber das kleine Schaf hatte dazu überhaupt keine Lust.

Jeden Abend wiederholte sich das gleiche Theater: Kindchen Schaf wollte einfach nicht ins Bett. „Ich bin gar nicht müde!", blökte es laut, und bevor Mama Schaf es zu fassen bekam, war es schon wieder hinter dem nächsten Strohballen verschwunden. „Fangt mich doch!", rief es frech. „Hier bin ich!" Die Schafsfamilie wusste sich wirklich keinen Rat mehr.

Dabei hatten sie schon alles Mögliche versucht: Sie hatten es mit entspannendem Lockenkraulen probiert, aber danach hatte Kindchen Schaf nur vor dem Spiegel gestanden und sich komische Frisuren ins Fell gebürstet.

Sie hatten es auch mit warmem Honig-Kräutertee versucht. Kindchen Schaf fand Honig-Kräutertee aber eklig. Die großen Schafe waren verzweifelt.

Am Ende hatten sie dem Schäfchen zur Entspannung noch die kleinen Hufe massiert, aber das hatte nur zur Folge gehabt, dass es kichernd im Stroh lag, weil das so kitzelte. Und danach war es erst recht munter gewesen.

„So kann das nicht weitergehen", sagte Mama
Schaf entschlossen. „Irgendwie muss Kindchen
Schaf doch mal müde werden und einschlafen!"
Sie überlegte kurz. „Vielleicht sollten wir es
mit einem schönen Schlaflied probieren."
Papa Schaf, der das Kleine gerade auf dem
Heuboden eingefangen hatte, nickte.
„Einen Versuch ist es wert."
„Leg dich mal schön hin, und höre mir zu",
sagte Mama zu Kindchen Schaf. „Ich singe dir
jetzt ein wunderschönes Schlaflied, und danach
wirst du die süßesten Träume haben."
Sie räusperte sich leicht und sang dann:

„Schlaf, Schäfchen, schlaf,
jetzt schlaf doch mal ganz brav.
Im Dschungel hockt ein Leguan,
der schaut dich schon ganz müde an.
Schlaf, Kindchen Schaf."

Dann gähnte Mama Schaf herzhaft. „Und, hat dir das Lied gefallen?" „Ganz toll", sagte das kleine Schaf verträumt. „Der Leguan ist wunderschön!"

Kurz darauf schaute Oma Schaf vorsichtig um die Ecke,
um zu sehen, ob Kindchen Schaf schon eingeschlafen war.
Es saß aber putzmunter in seinem Bett.
„Singst du mir jetzt was vor?", fragte es.
„Na gut", seufzte Oma. „Aber dann wird geschlafen!"
Sie überlegte kurz und sang:

„Schlaf, Schäfchen, schlaf,
jetzt sei mal endlich brav.
Sogar der dicke große Wal
liegt schon im Bett und schnarcht total.
Schlaf, Kindchen Schaf."

Kindchen Schaf hielt sich die Ohren zu.
So ein lautes Schnarchen hatte es noch nie gehört!
„Du sollst die Augen zumachen, nicht die Ohren",
sagte Oma. „Schau, mir fallen sie auch schon gleich zu."
Aber das kleine Schaf beachtete sie gar nicht mehr.
Es war ganz in der Unterwasserwelt versunken.

„So geht das nicht weiter!", sagte Vater Schaf, der die Sache
von der Tür aus betrachtete. „Komm, Emil, wir singen mal zusammen!"
Papa und sein Bruder stellten sich neben Schäfchens Bett auf.

„Jetzt legst du dich hin und machst die Augen zu", sagte Papa streng.
„Wir werden dir jetzt ein gaaanz müde machendes Schlaflied singen."
„O toll", sagte Kindchen Schaf. „Ich freue mich schon!"
Dann legte es sich brav hin und lauschte.
Papa und Onkel Emil fingen sofort an zu singen:

*„Schlaf, Schäfchen, schlaf,
sofort schläfst du ganz brav.
Sogar die tapferen Rittersleut,
die haben sich auf's Bett gefreut.
Schlaf, Kindchen Schaf."*

Kindchen glaubte Papa
und Onkel Emil sofort.
Aber es sah auch das kleine
Schlossgespenst umherschweben.
Das war kein bisschen müde,
genauso wenig wie es selbst.

„Ich glaube, wir müssen da mal ran!", sagte Tante Thea
zu ihren Schwestern. „Zu dritt müsste das doch klappen."
„Meine Meinung", sagte ihre Schwester Luise. „Am besten
irgendwas mit Piraten. Das mögen die Kleinen ja immer gerne."
Kindchen Schaf schaute interessiert zu, als die Tanten
sich um sein Bett stellten.
„Singt ihr jetzt alle zusammen?", fragte es neugierig.
„Alle zusammen", sagte Tante Suse. „Und danach wollen
wir nichts mehr hören!"

*„Schlaf, Schäfchen, schlaf,
sei bitte, bitte brav.
Es schlafen auch Piraten tief,
ihr großes Schiff hängt
schon ganz schief.
Schlaf, Kindchen Schaf."*

Das kleine Schaf kippte zur Seite, und die Tanten schlichen sich leise davon. Dabei schlief es aber gar nicht. Das Piratenschiff hing wirklich furchtbar schief im Wasser, und wenn Kindchen Schaf auf der Seite lag, konnte es alles besser betrachten. Logisch, oder?

Als Tante Suse noch mal reinspitzte, traute sie ihren Augen nicht. Das kleine Schaf saß putzmunter im Bett. „Wer singt denn als Nächstes?", fragte es neugierig. Tante Suse verschwand, und bald darauf kam sie mit der ganzen Familie zurück. „Noch ein allerletztes Lied", sagte Papa und schaute nun wirklich ganz streng. „Und dann wird geschlafen. Hast du das verstanden?" Kindchen Schaf nickte.
Klar hatte es verstanden.
Es war ja nicht dumm.

Nun sangen alle Schafe im Chor:

*„Schlaf, Schäfchen, schlaf,
jetzt endlich bist du brav.
Am Südpol ist es auch ganz leis,
denn alle schlafen auf dem Eis.
Schlaf, Kindchen Schaf."*

Mama gab ihm noch ein Küsschen auf die Nase, und die Schafsbande verschwand laut gähnend. Kindchen Schaf mummelte sich richtig schön in seine Kuscheldecke. Es war ja auch ganz schön kalt am Südpol!

Das Schäfchen schaute den schlummernden Pinguinen
noch eine Weile zu, aber dann wurde ihm langweilig.
Ob Papa das ernst gemeint hatte mit dem allerletzten Lied?
Der Südpol verschwand nach und nach, und Kindchen Schaf
legte die Decke zur Seite. Es war ganz still im Stall.
Waren etwa alle ausgegangen?

Es schaute vorsichtig in den großen Stallraum. Da waren sie ja! Alle Schafe lagen friedlich zusammen und schliefen tief. Kindchen Schaf schlich leise an ihnen vorbei. Überall im Stall war ein gleichmäßiges Sch-sch-sch! und Hhhhrrrrrr! zu hören. Da wurde Kindchen Schaf ganz müde, und es gähnte herzhaft. „Vielleicht ist es am besten, wenn ich mich einfach dazulege und heute Nacht hier schlafe", murmelte es. „Aber wo?" Tante Suse machte komische Pfeifgeräusche, und Onkel Emil schnarchte fast so laut wie der Wal von vorhin. Dort, in der Mitte, da war ein schönes Plätzchen.

Vorsichtig schob es Tante Thea
etwas nach oben. Schäfchens Augen
wurden schon ganz schwer. Es schob Papa
noch etwas nach links, Mama etwas mehr
nach rechts und kuschelte sich dazu.
Dann war endlich Ruh.

Hermien Stellmacher wurde 1959 in Holland geboren. Sie studierte Grafikdesign und Illustrationstechniken in Würzburg und machte sich bald danach selbstständig. Seit 1993 illustriert und schreibt sie für verschiedene Kinder- und Schulbuchverlage. Sie lebt mit ihrem Mann und einigen Katzen in der Fränkischen Schweiz.

Regine Altegoer wurde 1963 in Bonn geboren. Sie studierte Grafikdesign mit dem Schwerpunkt Buchillustration in Münster. Danach arbeitete sie in einer Frankfurter Werbeagentur. 1992 machte sie sich selbstständig. Nach ein paar Jahren als freie Illustratorin für die Werbung illustriert sie mittlerweile schwerpunktmäßig Kinder- und Jugendbücher für verschiedene Verlage. Sie lebt in Frankfurt am Main.

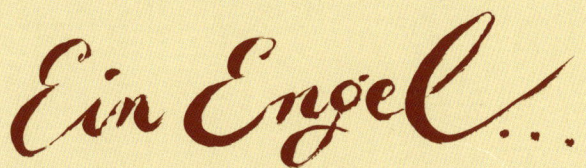

Nanu! – Was war denn das? Ein Schatten, ein Traum?
Ein Wunsch, ein Gedanke? Ein Engel?!
Wohl kaum ...

ISBN 978-3-7855-5760-0

Oder vielleicht doch? Psst! Vielleicht kannst du es spüren,
das Flimmern in der Luft, das Rauschen und Wispern,
das wärmende Streicheln? Den kleinen Schubs, zart wie ein Nasenstups?
Ja, in manchen Situationen scheinen sie rechtzeitig da zu sein:
fast wie ein Zufall, ungesehen, unbemerkt.
Die Engel, sie geben Acht auf dich!